Dieses Buch gehört:

1. Auflage 2025

Vertreten durch
Luca de Bruyn
Keltenstraße 33
55278 Dexheim
deBruynBooks Verlag
Email: debruynbooks@gmail.com
ISBN:
Covererstellung:

KENNST DU DAS AUCH?

Du hörst wie ersten gestressten Eltern ihre heulenden Kinder
reinbringen, du bist noch nicht ganz wach,
und brauchst ganz dringend Kaffee – und in der Kita nimmt das
Chaos seinen ganz normalen Lauf.

Das erste Kind fliegt dir um den Hals, das zweite streitet um die
Lieblingsspielzeug,
und das dritte steckt schon wieder im Schrank fest.
Die Kollegin ist krank, die Leitung sucht den Wochenplan, und der
Elternchat diskutiert über
das richtige Obst fürs Frühstück.

Du bist völlig durch – aber irgendwie funktioniert's trotzdem.

Und genau hier kommt dieses Buch ins Spiel.
Wenn kein Ruheraum mehr frei ist und du kurz davor bist, das
Bastelmaterial zu konfettisieren
– blätter einfach hier rein.

Es bringt dich zum Lachen, wenn der Tag dich müde macht.
Es hilft dir, den Frust rauszulassen – ohne schlechtes Gewissen.
Und wenn gar nichts mehr geht: Zerreiß es, tritt drauf oder
verbrenn es im Geiste
(aber bitte nicht im Gruppenraum).

Dieses Buch ist für dich – für alle, die schon hundertmal dachten
„Ich kann nicht mehr", und es trotzdem wieder schaffen.
Mit Herz, Humor und ein bisschen Wahnsinn.

WIE WAR DIE ARBEITSWOCHE?

Lass uns einfach nicht drüber reden!

Ich brauche dringend Schoki. Oder Urlaub. Oder beides.

Ich geh jetzt einfach weinen.

Kinder 1 - Nerven 0.

Perfekt! Ich hatte Frei!

Diese 3 Dinge haben mich genervt:

1. ______________________________

2. ______________________________

3. ______________________________

Wer ist eigentlich die Kollegin, die ständig den Gruppenraum in ein Planetarium verwandelt – und warum darf sie noch den Lichtschalter benutzen?

....

Was war die sinnloseste Elternnachricht, die du jemals im Chat bekommen hast?

....

Teile eine lustige Geschichte über den Kita-Kühlschrank und seine Bewohner.

....

Wer imitiert am besten das Geräusch der Klingel, wenn die nächste Gruppe in den Garten darf?

....

Welcher Duft in der Kita ist unerklärlich – und warum riecht er trotzdem jeden Montag gleich?

....

Wer hat den Personalraum schon mal komplett mit Kinderbasteleien dekoriert – inklusive Glitzer, weil „das lag halt da"?

....

DIE COOLSTE AUFGABE DES KITA-TAGES

Der Schweige-Tag

[redacted]

Erfolgreichum gesetzt:

☐ Ja

☐ Nein

Welche Rabauken waren dabei:

____

____

Wann wurde die Tat begangen:

____

So lief das Meisterwerk ab:

____

____

____

____

Wiederholungsbedarf?

☐ Aufjedenfall! ☐ Ja ☐ Den Quatsch mach ich nicht nochmal!

Bewertung des ganzen:

0 1 2 3 4 5 6 7 8 9 10

DIE WICHTIGEN FRAGEN DES KITA-LEBENS

Wer bringt immer die neuesten Kita-Trend-Outfits mit – inklusive Farbflecken, Handabdrücken und Glitzer im Haar?

- [ ] Frau Immer-im-Trend ...
- [ ] Frau Style-ist-ein-Zustand ...
- [ ] Keiner, alle tragen den Look „Überlebt bis Donnerstag"

Wer schreibt im Gruppenchat immer die längsten Nachrichten – mit mindestens 47 Emojis und null Punkt?

- [ ] Frau Roman-im-Elternchat ...
- [ ] Herr Ausschweifend-Erklärbär ...
- [ ] Keiner, alle sind kurz, knapp und kindgerecht (haha, genau!).

Wer hält während der Teamsitzung gerne spontane Monologe über völlig irrelevante Themen?

- [ ] Frau Ich-wollte-nur-mal-sagen
- [ ] Frau Pädagogik-Philosoph
- [ ] Keiner, alle bleiben immer auf den Punkt (also... meistens).

Wer bringt immer die kompliziertesten Snacks oder Kuchen mit – natürlich „ganz spontan"?

- [ ] Frau Tortenfee Deluxe
- [ ] Herr Cupcake-Kurator
- [ ] Keiner, alle kaufen einfach Donuts beim Bäcker (und behaupten, sie wären selbstgemacht).

Wer vergisst regelmäßig, sein Handy auf lautlos zu stellen – und sorgt so für Mini-Herzstillstände während der Ruhezeit?

- [ ] Frau Klingelingeling
- [ ] Herr Ich-weiß-auch-nicht-warum
- [ ] Keiner, alle sind Handy-Heilige.

Wer macht ständig seltsame Essensgeräusche im Personalraum?

- [ ] Frau Knusper-Knacker
- [ ] Herr Apfel-Schmatz
- [ ] Keiner, alle kauen in pädagogischer Stille.

Tanzpause Deluxe

Musik an, Chaos aus! Drei Minuten Gruppentanz – egal, wer gerade noch geweint, gebastelt oder geschmollt hat.

“Das Motto heute:
Bauklötze weg, Tanzschuhe an!“

WIE WAR DIE ARBEITSWOCHE?

Lass uns einfach nicht drüber reden! | Ich brauche dringend Schoki. Oder Urlaub. Oder beides. | Ich geh jetzt einfach weinen. | Kinder 1 – Nerven 0. | Perfekt! Ich hatte Frei!

Welche der folgenden Aktionen einer Kollegin hat dich am meisten genervt?

- [ ] Ein Kind auf dich „abgeschoben“ mit den Worten „Der wollte eh zu dir!“
- [ ] Das zehnte Mal laut „Aufräumen, Kinder!“ gerufen – während du's schon tust
- [ ] Die Schürze im Waschraum vergessen, obwohl du sie gerade brauchtest

Welche Art von Kommentaren findest du am störendsten?

- [ ] „Ich hab da mal was im Elternchat gelesen…“
- [ ] „Also meine Gruppe macht das ganz anders.“
- [ ] „Das war bestimmt Paul – das ist immer Paul.“

Welches Verhalten deiner Kollegin lenkt dich am meisten ab?

- [ ] Kinder beim Malen „korrigieren“ – mit pädagogischem Ernst
- [ ] Laut mitsingen, obwohl's eigentlich die Kinderzeit ist
- [ ] Ständig „nur kurz“ im Büro verschwinden, wenn's hektisch wird

Welches Gesprächsthema im Team findest du am wenigsten spannend?

- [ ] Familienangelegenheite
- [ ] n Gesundheitsprobleme
- [ ] Freizeitaktivitäten

Welcher Kommunikationsstil bringt dich zuverlässig an deine Grenzen?

- [ ] Zu direkt – mitten während der Brotzeit
- [ ] Zu passiv – spricht nur, wenn das Kind schon schreit
- [ ] Zu ausführlich – beginnt bei Montag und endet bei Freitag

DIE COOLSTE AUFGABE DES KITA-TAGES

Süße Sabotage

Verstecke heimlich ein Gummibärchen in der Brotdose deiner Lieblingskollegin – mit einem Zettel: „Für den nächsten Nervenzusammenbruch."

Erfolgreichum gesetzt:

☐ Ja

☐ Nein

Welche Rabauken waren dabei:

Wann wurde die Tat begangen:

So lief das Meisterwerk ab:

Wiederholungsbedarf?

☐ Aufjedenfall! ☐ Ja ☐ Den Quatsch mach ich nicht nochmal!

Bewertung des ganzen:

0 1 2 3 4 5 6 7 8 9 10

DIE WICHTIGEN FRAGEN DES KITA-LEBENS

Wer bringt immer die verrücktesten Snacks in die Kita?

- [ ] Snack-Schmugglerin
- [ ] Brotdosen-Abenteurerin
- [ ] Keiner, alle halten sich tapfer an Reiswaffeln und Apfelspalten

Wer vergisst regelmäßig, nach dem Rausgehen das Licht im Gruppenraum auszuschalten?

- [ ] Lichtschalter-Vergesserin
- [ ] Energiespar-Fee
- [ ] Keiner, alle leben im Lampenparadies

Wer vergisst regelmäßig, die Pflanzen in der Bauecke zu gießen?

- [ ] Blumen-Gießkanne-Vergesserin
- [ ] Pflanzen-Pflege-Profi
- [ ] Keiner, alle haben den grünen Daumen der Leitung geerbt

Wer hat immer die lautesten Kinderlieder im Kopf und pfeift sie durchs ganze Haus?

- [ ] Sing-und-Tanz-Fee
- [ ] Dauerohrwurm-Meisterin
- [ ] Keiner, alle sind still wie Mäuse (zumindest bis 8 Uhr)

Wer verliert ständig die Haargummis, Scheren oder Klebestifte der Gruppe?

- [ ] Material-Magnet
- [ ] Bastelchaos-Expertin
- [ ] Keiner, alle haben ihr Inventar im Griff (theoretisch)

Wer vergisst regelmäßig, die Malkittel zu waschen?

- [ ] Farbklecks-Sammlerin
- [ ] Waschmaschinen-Vermeiderin
- [ ] Keiner, alle riechen nach Frische und Pädagogik

AUFGABE FÜR EINEN LUSTIGEN KITA-TAG

„Pädagogisch wertvoll"

Stell im Gruppenraum ein Schild auf mit der Aufschrift:
„Heute pädagogisch wertvoll: nichts tun und dabei gut aussehen."
Warte ab, wie viele Kolleginnen zustimmend nicken – und wie viele Kinder dich fragen, ob das auch für sie gilt.

WIE WAR DIE ARBEITSWOCHE?

Diese 3 Dinge haben mich genervt:

1. ______________________
2. ______________________
3. ______________________

Wer ist der Meister, wenn es darum geht, in der Kita Gerüchte zu verbreiten?

....

Wer ist der unangefochtene Einschlaf-Champion während der Ruhezeit?

....

Wer erzeugt in der Kita die beeindruckendste Geräuschkulisse aus Stühlerücken, Bastelscheren und Kinderliedern?

....

Gibt es eine Kollegin, die ständig Bastelscheren entführt und nie zurückbringt?

....

Wer hat den kreativsten Gruppenspruch oder das lauteste „Aufräumen, Kinder!"?

....

Wer spielt immer die lautesten Kinderlieder – und behauptet, das sei pädagogisch wertvoll?

....

DIE COOLSTE AUFGABE DES KITA-TAGES

Klebe an die Eingangstür einen Zettel mit der Aufschrift: „Heute nur Eintritt mit guter Laune - oder Kaffee in der Hand."
(Beobachte, wer versucht, beides gleichzeitig zu erfüllen.)

Erfolgreichum gesetzt:

☐ Ja

☐ Nein

Welche Rabauken waren dabei:

Wann wurde die Tat begangen:

So lief das Meisterwerk ab:

Wiederholungsbedarf?

☐ Aufjedenfall! ☐ Ja ☐ Den Quatsch mach ich nicht nochmal!

Bewertung des ganzen:

0 1 2 3 4 5 6 7 8 9 10

DIE WICHTIGEN FRAGEN DES KITA-LEBENS

Wer hat immer die verrücktesten Ideen für die Gruppendeko?

- [ ] Deko-Queen der Bastelecke
- [ ] Kreativ-Katastrophen-Künstlerin
- [ ] Keiner, alle hängen seit Wochen dieselben Girlanden wieder auf

Wer vergisst regelmäßig, neues Papier in den Drucker zu legen?

- [ ] Papier-Vergesserin
- [ ] Technik-Zauberin ohne Wirkung
- [ ] Keiner, alle drucken pädagogisch achtsam – gar nicht

Wer hat immer die besten Ideen für den nächsten Kita-Ausflug?

- [ ] Ausflug-Abenteurerin
- [ ] Ideen-Sprudlerin mit Höhenangst
- [ ] Keiner, alle finden den Spielplatz nebenan aufregend genug

Wer vergisst regelmäßig, den Geburtstagskalender zu aktualisieren?

- [ ] Kalender-Chaotin
- [ ] Kuchen-Krisenmanagerin
- [ ] Keiner, alle wissen genau, wann's Kuchen gibt – Hauptsache, es gibt welchen

Wer bringt immer die neuesten Kita-Sprüche und Kinderzitate mit?

- [ ] Spruch-Sammlerin
- [ ] Anekdoten-Queen
- [ ] Keiner, alle hören schon genug im Morgenkreis

Wer schmückt den Gruppenraum am auffälligsten?

- [ ] Bastel-Diva
- [ ] Glitzer-Enthusiastin
- [ ] Keiner, alle bevorzugen minimalistisches Chaos

Gruppenraum-Contest: „Wer hat das schönste Chaos?“

Jede Gruppe darf ihr natürlich gewachsenes Chaos präsentieren. Punkte gibt es für: die kreativste Glitzerverteilung, den wildesten Matschhosen-Turm und das am besten getarnte Bastelmesser. Zum Schluss wählt das Team feierlich den Sieger der Woche – also die Gruppe, in der man am längsten nach der Schere sucht.

WIE WAR DIE ARBEITSWOCHE?

Lass uns einfach nicht drüber reden! | Ich brauche dringend Schoki. Oder Urlaub. Oder beides. | Ich geh jetzt einfach weinen. | Kinder 1 - Nerven 0. | Perfekt! Ich hatte Frei!

Wie oft hat dich der Snackraub im Personalraum in dieser Woche genervt?

- ☐ Täglich
- ☐ Einmal (aber es war mein letzter Keks)
- ☐ Gar nicht

Welche Angewohnheit deiner Kollegin hat einen negativen Einfluss auf das Team gehabt?

- ☐ Endlose Geschichten aus dem Elternchat
- ☐ Zu viele „pädagogisch wertvolle" Ideen nach Feierabend
- ☐ Dauerndes „Ich hab da mal was gegoogelt..."

Inwiefern hat dich die Kleidung deiner Kollegin gestört?

- ☐ Zu viel Glitzer - und alles klebt jetzt an mir
- ☐ Zu sauber - offensichtlich kein Basteldienst gehabt
- ☐ Zu ernst - erinnert zu sehr an Elterngespräche

Welches Verhalten deiner Kollegin hat dich am meisten überrascht?

- ☐ Freiwillig Frühdienst übernommen
- ☐ Ohne Kaffee gute Laune gehabt
- ☐ Tatsächlich pünktlich in der Teamsitzung erschienen

Wie oft hat dich der Kleberstau an deinem Basteltisch diese Woche gestört?

- ☐ Häufig
- ☐ Einmal (und das war schon zu viel)
- ☐ Gar nicht - ich bastle mittlerweile mit Hoffnung und Tacker

DIE COOLSTE AUFGABE DES TAGES

Die Ausstellung

Hänge im Personalraum Kinderzeichnungen auf – mit dem Schild:
„Ausstellung der echten Profis."

Erfolgreichum gesetzt:

☐ Ja

☐ Nein

Welche Rabauken waren dabei:

____

____

Wann wurde die Tat begangen:

____

So lief das Meisterwerk ab:

____

____

____

____

Wiederholungsbedarf?

☐ Aufjedenfall! ☐ Ja ☐ Den Quatsch mach ich nicht nochmal!

Bewertung des ganzen:

0 – 1 – 2 – 3 – 4 – 5 – 6 – 7 – 8 – 9 – 10

DIE WICHTIGEN FRAGEN DES KITA-LEBENS

Wer vergisst regelmäßig, den Gruppenraum nach dem Morgenkreis aufzuräumen?

- [ ] Aufräum-Vermeiderin
- [ ] Bauklotz-Künstlerin
- [ ] Keiner, alle haben immer einen blitzblanken Raum (zumindest morgens)

Wer bringt immer die ausgefallensten Snacks für die Frühstückspause mit?

- [ ] Obst-Deko-Expertin
- [ ] Brotdosen-Gourmet
- [ ] Keiner, alle leben vom letzten Keks im Schrank

Wer vergisst regelmäßig, zu lächeln, wenn das zehnte Kind gleichzeitig ruft?

- [ ] Lächel-Vergesserin
- [ ] Gedulds-Akrobatin
- [ ] Keiner, alle sind freundlich – innerlich zumindest

Wer hat immer die besten Geschichten über verschwundene Bastelscheren?

- [ ] Scheren-Detektivin
- [ ] Material-Chronistin
- [ ] Keiner, alle wissen: Die Schere lebt jetzt in einer anderen Gruppe

Wer vergisst regelmäßig, den Wochenplan zu aktualisieren?

- [ ] Planungs-Vergesserin
- [ ] Organisations-Heldin
- [ ] Keiner, alle arbeiten intuitiv nach Gefühl und Chaos

Wer hat immer die auffälligsten Kinderlied-Ohrwürmer auf den Lippen?

- [ ] Sing-Marathon-Meisterin
- [ ] Ohrwurm-Königin
- [ ] Keiner, alle sind Team „Stille bitte"

Stadt–Land–Kita

Das klassische „Stadt, Land, Fluss“ – nur mit Kita-Begriffen! Zum Beispiel: Kindername, Bastelmaterial, Snack, Elternspruch, etc.

WIE WAR DIE ARBEITSWOCHE?

Lass uns einfach nicht drüber reden!

Ich brauche dringend Schoki. Oder Urlaub. Oder beides.

Ich geh jetzt einfach weinen.

Kinder 1 - Nerven 0.

Perfekt! Ich hatte Frei!

Diese 3 Dinge haben mich genervt:

1. ____________________
2. ____________________
3. ____________________

Wer ist die unangefochtene Königin der spontanen Kreisspiele?

....

Wer beherrscht den Kita-Mittagsschlaf am souveränsten - trotz Kindergeräuschen?

....

Wer kreiert das beeindruckendste Bastelchaos im Gruppenraum?

....

Wer ist der unangefochtene König oder die Königin der Kita-Lacher?

....

Wer führt Regie im täglichen Drama der Garderobe am besten?

....

Wer findet am zuverlässigsten längst vergessene Schätze in der Spielekiste?

....

DIE COOLSTE AUFGABE DES TAGES

Der Brotdosen-Tausch

Tausche in der Frühstücksecke zwei Brotdosen-Deckel aus – und beobachte, wie lange es dauert, bis jemand merkt, dass nichts mehr passt.

Erfolgreichum gesetzt:

☐ Ja

☐ Nein

Welche Rabauken waren dabei:

Wann wurde die Tat begangen:

So lief das Meisterwerk ab:

Wiederholungsbedarf?

☐ Aufjedenfall! ☐ Ja ☐ Den Quatsch mach ich nicht nochmal!

Bewertung des ganzen:

0 1 2 3 4 5 6 7 8 9 10

DIE WICHTIGEN FRAGEN DES KITA-LEBENS

Wer vergisst regelmäßig sein Handy aufzuladen?

- [ ] Akkuspar-Optimistin
- [ ] Technik-Verweigerin aus Prinzip
- [ ] Keiner, alle hängen permanent am Ladekabel der Hoffnung

Wer hat immer die besten Ideen für den nächsten Kita-Aktionstag?

- [ ] Bastel-Guru
- [ ] Ideen-Sprudlerin
- [ ] Keiner, alle hoffen auf eine ruhige Themenwoche

Wer vergisst regelmäßig, Elternnachrichten zu lesen – und fragt dann im Team, worum's ging?

- [ ] Chat-Verweigerin
- [ ] Info-Verdrängerin
- [ ] Keiner, alle sind im Elternchat top informiert (angeblich)

Wer bringt immer die neuesten Kinder-Insider-Witze mit?

- [ ] Humor-Pädagogin
- [ ] Lach-Trainerin
- [ ] Keiner, alle lachen schon genug beim Mittagessen

Wer vergisst regelmäßig, das Waschbecken nach der Malsession zu putzen?

- [ ] Pinsel-Queen
- [ ] Farbklecks-Sammlerin
- [ ] Keiner, alle sind Sauberkeits-Engel in Schürze

Wer hat immer die außergewöhnlichsten Ideen für den nächsten Ausflug?

- [ ] Ausflug-Abenteurerin
- [ ] Chaos-Koordinatorin
- [ ] Keiner, alle träumen nur vom Spaziergang ums Haus

Was ist anders

Eine Kollegin verlässt kurz den Gruppenraum – und jemand verändert etwas Kleines.
Zum Beispiel: Ein Kuscheltier sitzt plötzlich auf dem Regal, ein Schuh steht auf dem Tisch oder ein Kind trägt eine Bastelkrone auf dem Kopf.
Wenn sie zurückkommt, muss sie erraten, was sich verändert hat.

WIE WAR DIE ARBEITSWOCHE?

Lass uns einfach nicht drüber reden! | Ich brauche dringend Schoki. Oder Urlaub. Oder beides. | Ich geh jetzt einfach weinen. | Kinder 1 - Nerven 0. | Perfekt! Ich hatte Frei!

Was würdest du deiner nervigen Kollegin gerne anonym mitteilen?

- ☐ Sprich bitte leiser – die Kinder schlafen nicht wegen dir, sondern trotzdem.
- ☐ Komm pünktlich – wir zählen inzwischen deine Verspätungsrekorde.
- ☐ Lass den Bluetooth-Lautsprecher aus – die Kinder kennen „Aramsamsam“ schon.

Welche Art von Ablenkung durch deine Kollegin findest du am frustrierendsten?

- ☐ Dauerndes Handy-Daddeln im Gruppenraum
- ☐ Laute Gespräche über Eltern und Bastelideen
- ☐ Endlose „Das müssen wir mal besprechen“-Momente

Wie oft hat dich die Snack-Auswahl deiner Kollegin in dieser Woche gestört?

- ☐ Täglich – allein der Duft reicht
- ☐ Gelegentlich – aber dann richtig
- ☐ Gar nicht – ich bediene mich einfach mit

Welche Teamaktivität deiner Kolleginnen hat dir am wenigsten gefallen?

- ☐ Teambuilding mit Bastelauftrag
- ☐ Gruppenpädagogik-Workshop mit PowerPoint
- ☐ Gemeinsame Mittagspause mit Kritikbuffet

Wie oft hat dich die Musikwahl deiner Kollegin in der Kita gestört?

- ☐ Immer – die gleiche CD seit 2017
- ☐ Manchmal – besonders bei Regenwetterliedern
- ☐ Gar nicht – ich bin längst taub auf dem Ohr

DIE COOLSTE AUFGABE DES TAGES

Fach-Fiasko

Vertausche heimlich zwei beschriftete Kinderfächer – und warte, wie lange es dauert, bis jemand merkt, dass „Ben" jetzt pinke Hausschuhe hat.

Erfolgreichum gesetzt:

☐ Ja

☐ Nein

Welche Rabauken waren dabei:

Wann wurde die Tat begangen:

So lief das Meisterwerk ab:

Wiederholungsbedarf?

☐ Aufjedenfall! ☐ Ja ☐ Den Quatsch mach ich nicht nochmal!

Bewertung des ganzen:

0 1 2 3 4 5 6 7 8 9 10

DIE WICHTIGEN FRAGEN DES KITA-LEBENS

Wer vergisst regelmäßig, das Funkgerät oder Handy stummzuschalten?

- [ ] Lautlos-Verweigerin
- [ ] Tonmeisterin
- [ ] Keiner, alle sind flüsterleise (angeblich)

Wer hat immer die ausgefallensten Ideen für die Büro-Kaffeepause-Snacks?

- [ ] Kaffeepausen-Snack-Designer
- [ ] Leckereien-Entdecker
- [ ] Keiner, alle mögen klassische Pausensnacks

Wer hat immer die ausgefallensten Ideen für die Kita-Snackpause?

- [ ] Obstspieße-Künstlerin
- [ ] Brote-mit-Gesicht-Designerin
- [ ] Keiner, alle leben von Keksresten und Kaffeeduft

Wer vergisst regelmäßig, seine Tasse nach der Pause zu spülen?

- [ ] Tassen-Staplerin
- [ ] Becher-Beschmutzerin
- [ ] Keiner, alle haben ein Herz für Spülwasser

Wer hat immer die besten Empfehlungen für neue Kinderlieder?

- [ ] Liedergarten-Guru
- [ ] Singkreis-DJ
- [ ] Keiner, alle bleiben bei „Aramsamsam“

Wer vergisst regelmäßig, den Basteltisch aufzuräumen?

- [ ] Aufräum-Vergesserin
- [ ] Kleber-Chaotin
- [ ] Keiner, alle arbeiten im „kreativen Prozess“

Motivations Magnetwand

Jede Kollegin gestaltet einen Magneten mit einer motivierenden Botschaft – passend zum echten Kita-Alltag.
Beispiele:
„Atme. Nur atmen."
„Kaffee zuerst, Pädagogik danach."
„Heute kein Glitzer – bitte."
Alle Magneten kommen an eine gemeinsame Tafel im Personalraum.

WIE WAR DIE ARBEITSWOCHE?

Diese 3 Dinge haben mich genervt:

1. ______________________
2. ______________________
3. ______________________

Auf einer Skala von 1 bis 10 - wie nervig ist dein Kita-Alltag?

....

Was war das bisher nervigste Ereignis seit du hier arbeitest?

....

Erzähl von einem nervigen Moment in der Kita, den du im Nachhinein trotzdem lustig findest.

....

Welcher Geruch in der Kita bringt dich jedes Mal zum Augenrollen?

....

Welches Geräusch in der Kita könnte dir einen Tag lang den letzten Nerv rauben?

....

Was ist das nervigste Verhalten im Personalraum?

....

DIE COOLSTE AUFGABE DES KITA-TAGES

Kaffee-Krise

Beschrifte die Kaffeemaschine mit einem Schild:
„Außer Betrieb – bitte tief durchatmen und positiv denken.“

Erfolgreichum gesetzt:

☐ Ja

☐ Nein

Welche Rabauken waren dabei:

Wann wurde die Tat begangen:

So lief das Meisterwerk ab:

Wiederholungsbedarf?

☐ Aufjedenfall! ☐ Ja ☐ Den Quatsch mach ich nicht nochmal!

Bewertung des ganzen:

0 1 2 3 4 5 6 7 8 9 10

DIE WICHTIGEN FRAGEN DES KITA-LEBENS

Wer vergisst regelmäßig, die Hausschuhe auszuziehen, wenn er in die Gruppe kommt?

- [ ] Schuh-Chaotin
- [ ] Boden-Abenteurerin
- [ ] Keiner, alle tanzen barfuß durchs Leben

Wer hat immer die besten Ideen für den nächsten Kita-Flashmob oder Aktionstag?

- [ ] Spontanitäts-Guru
- [ ] Singkreis-Regisseurin
- [ ] Keiner, alle mögen ruhige Vormittage

Wer vergisst regelmäßig, das Passwort fürs Kita-WLAN?

- [ ] Passwort-Vergesserin
- [ ] Zettelchaos-Expertin
- [ ] Keiner, alle sind IT-Genies mit Kaffeflecken auf dem Laptop

Wer hat immer die neuesten Eltern-Gerüchte auf dem Radar?

- [ ] Flurflüsterin
- [ ] Tratsch-Koryphäe
- [ ] Keiner, alle halten sich streng an die Schweigepflicht (angeblich)

Wer vergisst regelmäßig, das Tablet für die Doku aufzuladen?

- [ ] Akkuspar-Fee
- [ ] Ladegerät-Verweigerin
- [ ] Keiner, alle haben Power bis 17 Uhr

Wer hat immer die buntesten Bastelideen an der Pinnwand hängen?

- [ ] Glitzer-Künstlerin
- [ ] Papier-Zauberin
- [ ] Keiner, alle mögen dezente Deko (haha, klar)

Der große Sockendetektiv

Verstecke im Gruppenraum heimlich eine einzelne Kindersocke – an einem völlig absurden Ort.
Wer sie zuerst findet, darf offiziell den Titel „Heldin der verschwundenen Wäsche“ tragen.
Tipp: Extra Punkte, wenn jemand ernsthaft versucht, das passende Gegenstück zu suchen.

WIE WAR DIE ARBEITSWOCHE?

Lass uns einfach nicht drüber reden!

Ich brauche dringend Schoki. Oder Urlaub. Oder beides.

Ich geh jetzt einfach weinen.

Kinder 1 – Nerven 0.

Perfekt! Ich hatte Frei!

Welches Thema deiner Kollegin findest du am unangenehmsten?

- [ ] Elternprobleme
- [ ] Team-Drama
- [ ] Träger-Entscheidungen

Wie oft hat dich die Handynutzung deiner Kollegin für private Gespräche gestört?

- [ ] Täglich
- [ ] Manchmal
- [ ] Gar nicht

Welche Teamsitzungs-Gewohnheit deiner Kollegin hat dich am meisten genervt?

- [ ] Zu lange Redebeiträge
- [ ] Null Vorbereitung
- [ ] Ständiges Unterbrechen

Welches Verhalten deiner Kollegin würdest du am liebsten ändern, wenn du könntest?

- [ ] Kommunikationsstil
- [ ] Unpünktlichkeit
- [ ] „Ich mach das später"-Mentalität

Welches Verhalten hat dich am meisten aus dem Kita-Flow gebracht?

- [ ] Ständige Unterbrechungen
- [ ] Unnötige Teamrunden
- [ ] Falsche Lieder im Morgenkreis

DIE COOLSTE AUFGABE DES TAGES

Elternabend light

Sobald jemand etwas besonders Pädagogisches sagt, ruf laut:„Können wir das bitte auf dem nächsten Elternabend besprechen?"

Erfolgreichum gesetzt:

- [ ] Ja
- [ ] Nein

Welche Rabauken waren dabei:

____

____

Wann wurde die Tat begangen:

____

So lief das Meisterwerk ab:

____

____

____

____

Wiederholungsbedarf?

- [ ] Aufjedenfall!
- [ ] Ja
- [ ] Den Quatsch mach ich nicht nochmal!

Bewertung des ganzen:

0 1 2 3 4 5 6 7 8 9 10

DIE WICHTIGEN FRAGEN DES KITA-LEBENS

Wer vergisst regelmäßig, die Elternpost zu verteilen?

- [ ] Postkorb-Vergesserin
- [ ] Mappe-Chaotin
- [ ] Keiner, alle sind Kommunikationsprofis (theoretisch)

Wer hat immer die besten Empfehlungen für neue Kinderlieder?

- [ ] Singkreis-Meisterin
- [ ] Playlist-Profi
- [ ] Keiner, alle mögen einfach nur Ruhe

Wer vergisst regelmäßig, Papier ins Kopiergerät zu legen?

- [ ] Kopierer-Königin
- [ ] Papier-Verschwenderin
- [ ] Keiner, alle sind Technik-Talente

Wer hat immer die flinksten Finger beim Anziehen der Matschhosen?

- [ ] Gummistiefel-Göttin
- [ ] Reißverschluss-Rakete
- [ ] Keiner, alle kämpfen täglich mit widerspenstigen Ärmchen

Wer vergisst regelmäßig, das Licht im Gruppenraum auszuschalten?

- [ ] Lichtschalter-Vergesserin
- [ ] Energiespar-Muffel
- [ ] Keiner, alle leuchten innerlich genug

Wer hat immer die besten Ideen für den nächsten Teamabend?

- [ ] Themen-Abend-Heldin
- [ ] Ideen-Generatorin
- [ ] Keiner, alle träumen nur von Sofa und Stille

Die geheime Kinderlogik-Galerie

Erstelle eine Wand mit den besten Kinderzitaten aus deiner Gruppe. zum Beispiel: „Mein Papa arbeitet im WLAN!“ Kröne das witzigste Zitat zur pädagogischen Weisheit des Monats.

Wie war die Arbeitswoche?

Lass uns einfach nicht drüber reden! | Ich brauche dringend Schoki. Oder Urlaub. Oder beides. | Ich geh jetzt einfach weinen. | Kinder 1 - Nerven 0. | Perfekt! Ich hatte Frei!

Diese 3 Dinge haben mich genervt:

1. ______________________________
2. ______________________________
3. ______________________________

Wer ist der unangefochtene Barista des Kita-Kaffees?

....

Wer hat den Titel der Brotdosen-Aufwärm-Championin inne?

....

Wer verschwindet ständig mit den besten Bastelscheren?

....

Wer kontrolliert die Bluetooth-Box im Gruppenraum mit eiserner Hand?

....

Wer hat den gemütlichsten Platz bei der Mittagspause – und wie hat er das geschafft?

....

Wer bringt das Team mit spontanen Tanzmoves im Gruppenraum zum Lachen?

....

DIE COOLSTE AUFGABE DES KITA-TAGES

Kita-Alarm

Ruf mitten im Trubel ganz ernst:
„Leute, hat jemand die Glitzerschere gesehen?!"

Erfolgreichum gesetzt:

☐ Ja

☐ Nein

Welche Rabauken waren dabei:

____

____

Wann wurde die Tat begangen:

____

So lief das Meisterwerk ab:

____

____

____

____

Wiederholungsbedarf?

☐ Aufjedenfall! ☐ Ja ☐ Den Quatsch mach ich nicht nochmal!

Bewertung des ganzen:

0 1 2 3 4 5 6 7 8 9 10

DIE WICHTIGEN FRAGEN DES KITA-LEBENS

Wer hat die lautesten Kinderlieder im Gruppenraum?

- [ ] Lautstärke-Legende
- [ ] Musik-Queen
- [ ] Keiner, alle mögen pädagogische Stille

WWer vergisst regelmäßig, den Gruppenstuhl wieder ordentlich hinzustellen?

- [ ] Stuhl-Verschieberin
- [ ] Sitzkreis-Chaotin
- [ ] Keiner, alle haben ergonomische Prinzipien (angeblich)

Wer hat immer die kreativsten Elterninfos an der Pinnwand?

- [ ] Aushang-Künstlerin
- [ ] Zettel-Zauberin
- [ ] Keiner, alle schreiben nur „Bitte anziehen nicht vergessen“

Wer vergisst regelmäßig, das Tablet für die Doku zu laden?

- [ ] Screensaver-Vergesser
- [ ] Bildschirm-Design-Guru
- [ ] Keiner, alle mögen Standard-Screensaver

Wer hat immer die besten Ausreden für verspätetes Erscheinen im Frühdienst?

- [ ] Akkuspar-Fee
- [ ] Technik-Trottelin
- [ ] Keiner, alle sind Digitalprofis mit Wackelstecker

Wer vergisst regelmäßig, in den Teamchat zu schreiben, wenn etwas Wichtiges passiert ist?

- [ ] Wecker-Opfer
- [ ] Kaffeemaschinen-Dramaqueen
- [ ] Keiner, alle sind Pünktlichkeits-Ikonen

Comedy-Show

Führt im Team kurze Szenen aus dem echten Kita-Alltag auf – mit maximaler Übertreibung.
Krönt die beste Darstellung mit dem Titel:
„Oscar für Alltagsdrama – Kategorie Glitzer & Geduld"

WIE WAR DIE ARBEITSWOCHE?

Lass uns einfach nicht drüber reden!

Ich brauche dringend Schoki. Oder Urlaub. Oder beides.

Ich geh jetzt einfach weinen.

Kinder 1 - Nerven 0.

Perfekt! Ich hatte Frei!

Wie hat dich die Nutzung von Kita-Geräten durch deine Kollegin beeinträchtigt?

- [ ] Farbdrucker verstopft
- [ ] Bluetooth-Box blockiert
- [ ] Laminiergerät überhitzt

Welche persönlichen Angewohnheiten deines Kollegen haben dich am meisten gest

- [ ] Lautes Mitsingen bei Kinderliedern
- [ ] Dauerndes Niesen in der Ruhezeit
- [ ] Übermotivierte Basteltipps

Inwiefern hat dich die Garderobenwahl deines Kollegen beeinträchtigt?

- [ ] Zu viel Glitzer
- [ ] Zu wenig Wechselsachen
- [ ] Zu saubere Schuhe - eindeutig verdächtig

Welche Art von Späßen deines Kollegen findest du am wenigsten lustig?

- [ ] Ironische Eltern-Kommentare
- [ ] Glitzer-Überraschungen
- [ ] Versteckte Bastelaufträge

Inwiefern hat dich die Art und Weise gestört, wie dein Kollege Konflikte löst?

- [ ] Zu direkt - mitten im Morgenkreis
- [ ] Zu passiv - wartet auf Wunder
- [ ] Ignoriert einfach alles mit Kaffee

DIE COOLSTE AUFGABE DES KITA-TAGES

Kita-Durchsage

Schreib an die Gruppentafel:
„Heute bitte alle Konflikte über Tanz lösen.
Danke."

Erfolgreichum gesetzt:

☐ Ja

☐ Nein

Welche Rabauken waren dabei:

____

____

Wann wurde die Tat begangen:

____

So lief das Meisterwerk ab:

____

____

____

____

Wiederholungsbedarf?

☐ Aufjedenfall! ☐ Ja ☐ Den Quatsch mach ich nicht nochmal!

Bewertung des ganzen:

0 1 2 3 4 5 6 7 8 9 10

DIE WICHTIGEN FRAGEN DES KITA-LEBENS

Wer hat immer die neuesten Bastel-Gadgets in der Gruppe?

- [ ] Kreativ-Queen
- [ ] Heißklebepistolen-Profi
- [ ] Keiner, alle bleiben beim guten alten Klebestift

Wer vergisst regelmäßig, die Pflanzen im Gruppenraum zu gießen?

- [ ] Gießkannen-Vergesserin
- [ ] Blumen-Welken-Meisterin
- [ ] Keiner, alle haben grüne Daumen – sagen sie

Wer hat immer die verrücktesten Ideen für den nächsten Ausflug oder Aktionstag?

- [ ] Abenteuer-Planerin
- [ ] Chaos-Koordinatorin
- [ ] Keiner, alle mögen's ruhig und planbar

Wer vergisst regelmäßig, das Handy während der Ruhezeit lautlos zu stellen?

- [ ] Klingelton-Verweigerin
- [ ] Ruhe-Störerin
- [ ] Keiner, alle leben in völliger Stille (angeblich)

Wer vergisst regelmäßig, Papier ins Kopiergerät zu legen?

- [ ] Kopierer-Königin
- [ ] Papier-Inspektorin
- [ ] Keiner, alle sind Drucker-Profis mit leerem Fach

Wer hat immer die buntesten Notizzettel im Personalraum hängen?

- [ ] Post-it-Künstlerin
- [ ] Zettel-Zauberin
- [ ] Keiner, alle schreiben schlicht und unleserlich

Kunstvolle Kaffeetassen

Jede Kollegin gestaltet ihre Kaffeetasse mit einer ehrlichen Botschaft aus dem Kita-Alltag.

Beispiele:

„Nicht ansprechbar vor 9 Uhr."

„Ich pädagogisiere nur mit Koffein."

„Heute kein Glitzer, danke."

Am Ende wird gewählt: Die authentischste Tasse des Teams.

WIE WAR DIE ARBEITSWOCHE?

Lass uns einfach nicht drüber reden!

Ich brauche dringend Schoki. Oder Urlaub. Oder beides.

Ich geh jetzt einfach weinen.

Kinder 1 - Nerven 0.

Perfekt! Ich hatte Frei!

Diese 3 Dinge haben mich genervt:

1. ______________________
2. ______________________
3. ______________________

Wer schafft es, gleichzeitig mehrere Kindergerüchte in der Luft zu halten?

....

Wer wechselt seine Gesichtsausdrücke so schnell wie ein Kind in der Trotzphase?

....

Wer beherrscht die Kunst der Mülltrennung im Gruppenraum am besten?

....

Wer hat den beeindruckendsten Basteltisch der gesamten Kita?

....

Wer komponiert die schönsten Melodien aus Kinderliedern und spontanen Schreien?

....

Wer schafft es, eine endlose Anzahl von Kaffeetassen im Personalraum zu jonglieren?

....

DIE COOLSTE AUFGABE DES KITA-TAGES

Der Stuhlkreis-Schock

Stelle alle Stühle im Kreis falsch herum – Rückenlehnen nach innen.
Wetten, jemand erklärt trotzdem ernsthaft den Sitzkreis?

Erfolgreichum gesetzt:

☐ Ja ______

☐ Nein ______

Welche Rabauken waren dabei:

______

______

Wann wurde die Tat begangen:

______

So lief das Meisterwerk ab:

______

______

______

______

Wiederholungsbedarf?

☐ Aufjedenfall! ☐ Ja ☐ Den Quatsch mach ich nicht nochmal!

Bewertung des ganzen:

0 1 2 3 4 5 6 7 8 9 10

DIE WICHTIGEN FRAGEN DES KITA-LEBENS

Wer bringt die lautesten Snacks in den Personalraum mit?

- [ ] Snack-Knusperspezialistin
- [ ] Keks-Knirsch-Profi
- [ ] Keiner, alle essen pädagogisch leise

Wer hat immer die buntesten Tassen im Teamraum?

- [ ] Tassen-Künstlerin
- [ ] Becher-Bunte
- [ ] Keiner, alle trinken aus alten Bastelbechern

Wer vergisst regelmäßig, die Kaffeemaschine auszuschalten?

- [ ] Kaffee-Queen
- [ ] Filter-Vergesserin
- [ ] Keiner, alle leben von Dauerbetrieb

Wer verliert ständig die besten Bastelscheren?

- [ ] Scheren-Suchprofi
- [ ] Material-Magierin
- [ ] Keiner, alle haben Ordnung im Chaos (angeblich)

Wer vergisst regelmäßig, die Wochenplanung zu aktualisieren?

- [ ] Planungs-Verschieberin
- [ ] Listen-Lockerin
- [ ] Keiner, alle sind im Flow der Spontanpädagogik

Wer vergisst regelmäßig, den Kühlschrank im Personalraum auszuräumen?

- [ ] Snack-Horterin
- [ ] Essens-Archäologin
- [ ] Keiner, alle halten Ordnung bis zum Ablaufdatum

AUFGABEN FÜR EINEN LUSTIGEN KITA-TAG

Morgenkreis-Karaoke

Eine kleine Kita-Version des Karaoke-Tags: Jede Kollegin muss ein Kinderlied performen – mit voller Leidenschaft. Zur Auswahl stehen Klassiker wie:

- „Aramsamsam“ (Power-Version)
- „Alle meine Entchen“ (Dramatik pur)
- „Die Räder vom Bus“ (mit optionaler

WIE WAR DIE ARBEITSWOCHE?

Lass uns einfach nicht drüber reden!

Ich brauche dringend Schoki. Oder Urlaub. Oder beides.

Ich geh jetzt einfach weinen.

Kinder 1 - Nerven 0.

Perfekt! Ich hatte Frei!

Diese 3 Dinge haben mich diese Woche zum Kopfschütteln gebracht:

- ☐ Der Morgenkreis der tausend Unterbrechungen
- ☐ Das Glitzer-Fiasko des Jahrhunderts
- ☐ Die Elternchat-Olympiade im Dauereinsatz

Welche theatralische Qualität hat deine Kollegin bei der Arbeit?

- ☐ Oscar-würdiges Seufzen
- ☐ Meisterhaftes Augenrollen
- ☐ Drama-Queen des Gruppenraums

Welches skurrile Geräusch hat dich diese Woche am meisten aus der Fassung gebracht?

- ☐ Pädagogisches Pfeifen im Dauereinsatz
- ☐ Die Bauklotz-Sinfonie
- ☐ Der epische Scheren-Fall

HAHA . .

Welcher Tag sorgt im Team für die meisten Lachanfälle?

- ☐ Montags-Mimiken-Marathon
- ☐ Mittwochs-Kicherclub
- ☐ Freitags-Feierabend-Fieber

Wie oft hat dich die Kinderlieder-Playlist deiner Kollegin genervt?

- ☐ Täglich - ich höre „Aramsamsam" im Schlaf
- ☐ Manchmal - besonders bei Regenliedern
- ☐ Gar nicht - ich sing einfach mit

DIE COOLSTE AUFGABE DES KITA-TAGES

Taschennachricht

Stecke einem Kollegen oder einer Kollegin unauffällig einen kleinen Zettel in die Tasche mit einer aufmunternden Botschaft wie „Du bist pädagogisch wertvoll – auch ohne Kaffee."

Erfolgreichum gesetzt:

☐ Ja

☐ Nein

Welche Rabauken waren dabei:

Wann wurde die Tat begangen:

So lief das Meisterwerk ab:

Wiederholungsbedarf?

☐ Aufjedenfall! ☐ Ja ☐ Den Quatsch mach ich nicht nochmal!

Bewertung des ganzen:

0 1 2 3 4 5 6 7 8 9 10

DIE WICHTIGEN FRAGEN DES KITA-LEBENS

Wer vergisst regelmäßig, nach dem Mittagessen den Gruppenraum zu lüften?

- [ ] Fenster-Vergesserin
- [ ] Duftkerzen-Fee
- [ ] Keiner, alle lieben stickige Bastelluft

Wer schreibt immer die längsten Elternnachrichten, ohne auf den Punkt zu kommen?

- [ ] Chat-Roman-Autorin
- [ ] Sprachnachrichten-Profi
- [ ] Keiner, alle fassen sich ganz kurz (haha!)

Wer vergisst regelmäßig, das Tablet zu sperren - und wundert sich über Kinderfotos im Chatverlauf?

- [ ] Technik-Trottelin
- [ ] Screenshot-Künstlerin
- [ ] Keiner, alle sind wahre Digitalpädagogen

Wer hat den vollsten Materialschrank, in dem man Glitzer von 2018 und Knete von 2020 findet?

- [ ] Schrank-Abenteurerin
- [ ] Ordnungs-Verdrängerin
- [ ] Keiner, alle leben minimalistisch im Bastelchaos

Wer vergisst regelmäßig, das Licht im Gruppenraum auszuschalten?

- [ ] Lichtschalter-Vergesserin
- [ ] Energiespar-Muffel
- [ ] Keiner, alle leuchten innerlich genug

Wer hält immer die längsten Gespräche an der Garderobe - mit Eltern, Kindern und sich selbst?

- [ ] Telefon-Gesprächskönig
- [ ] Abschieds-Spezialist
- [ ] Keiner, alle haben effiziente Gespräche

Gesichter der Pädagogik

Jede Erzieherin malt ein Selbstporträt mit geschlossenen Augen. Die Ergebnisse werden dann ausgestellt, und die Kinder versuchen zu erraten, welches Bild zu welcher Erzieherin gehört.

WIE WAR DIE ARBEITSWOCHE?

Lass uns einfach nicht drüber reden!

Ich brauche dringend Schoki. Oder Urlaub. Oder beides.

Ich geh jetzt einfach weinen.

Kinder 1 – Nerven 0.

Perfekt! Ich hatte Frei!

Diese 3 Dinge haben mich genervt:

1. ______________________________

2. ______________________________

3. ______________________________

Wer bringt die besten Witze in die Frühstückspause?

....

Wer beherrscht die Kunst des akrobatischen Anziehmanagements?

....

Wer spricht mit seinem Gesichtsausdruck lauter, als Worte es könnten – besonders bei verschüttetem Saft?

....

Wer verwandelt einfache Brotdosen in kulinarische Meisterwerke?

....

Wer erforscht regelmäßig den Kita-Kühlschrank – mutig, ohne Angst vor Resten?

....

Wer hat den grünsten Daumen bei der Pflege der Fensterbank-pflanzen im Gruppenraum?

....

DIE COOLSTE AUFGABE DES TAGES

Kuschelpflicht

Schreibe an die Gruppentafel:
„Heute ist Kuschelpflicht für alle Erzieherinnen."
Dann beobachte, wie viele Kinder das wörtlich nehmen.

Erfolgreichum gesetzt:

☐ Ja ______________________

☐ Nein ______________________

Welche Rabauken waren dabei:

____

____

Wann wurde die Tat begangen:

____

So lief das Meisterwerk ab:

____

____

____

____

Wiederholungsbedarf?

☐ Aufjedenfall! ☐ Ja ☐ Den Quatsch mach ich nicht nochmal!

Bewertung des ganzen:

0 1 2 3 4 5 6 7 8 9 10

DIE WICHTIGEN FRAGEN DES KITA-LEBENS

Wer bringt immer die neuesten Bastelideen mit, die das Chaos verdoppeln?

- [ ] Ideen-Abenteurerin
- [ ] Kleber-Kuratorin
- [ ] Keiner, alle bleiben bei Fingerfarben und Hoffnung

Wer vergisst regelmäßig, den Kühlschrank nach abgelaufenen Joghurts zu checken?

- [ ] Snack-Archäologin
- [ ] Resteverwerterin
- [ ] Keiner, alle haben einen Blick fürs Verderbliche

Wer verliert ständig den Überblick über die Gruppenschlüssel und wird zum Suchprofi?

- [ ] Schlüssel-Detektivin
- [ ] Türöffnungs-Expertin
- [ ] Keiner, alle wissen immer, wo sie nicht sind

Wer vergisst regelmäßig, die Bastelscheren wieder an ihren Platz zu legen?

- [ ] Scheren-Verlegerin
- [ ] Kreativ-Chaotin
- [ ] Keiner, alle haben ihr Material im Griff (angeblich)

Wer hat immer die besten Ideen für spontane Pausenaktionen mit den Kindern?

- [ ] Pausen-Entertainerin
- [ ] Spielplatz-Organisatorin
- [ ] Keiner, alle bevorzugen stille Beschäftigung mit Kaffee

Wer vergisst regelmäßig, den CD-Player nach dem Morgenkreis auszuschalten?

- [ ] Musik-Magierin
- [ ] Technik-Trottelin
- [ ] Keiner, alle haben den Rhythmus im Blut

Unnützes Wissen

Erzieher treten in einem "Unnützes Wissen"-Quiz gegeneinander an.
Die absurdesten und skurrilsten Fakten gewinnen.

WIE WAR DIE ARBEITSWOCHE?

Wenn deine nervige Kollegin ein Tier wäre - welches wäre sie?

- [ ] Papagei (ständig am Erzählen)
- [ ] Faultier (immer kurz vorm Mittagsschlaf)
- [ ] Eichhörnchen (verlegt ständig alles)

In welchem Paralleluniversum wäre die Kleidung deiner Kollegin modisch?

- [ ] Matschhosen-Model im Outdoor-Katalog
- [ ] Glitzer-Guru im Basteluniversum
- [ ] Kittel-Königin im Reich der Fleckenfreiheit

Wenn deine Kollegin ein Geräusch wäre - welches Lied würde sie spielen?

- [ ] „Das große Rassel-Konzert"
- [ ] „Sinfonie der Matschhosen"
- [ ] „Der Scheren-Tango"

Welche Superheldenfähigkeit wünschst du dir, um den stressigen Kita-Alltag zu überleben?

- [ ] Unsichtbarkeit beim Elterngespräch
- [ ] Teleportation ins Wochenende
- [ ] Telepathie mit schreienden Kindern

Wie würdest du die dramatische Kita-Saga deines Teams nennen?

- [ ] Die Rückkehr der Glitzertube
- [ ] Das Geheimnis der verschwundenen Wechselsachen
- [ ] Der Fluch der verlorenen Brotdose

DIE COOLSTE AUFGABE DES KITA-TAGES

Rollentausch

Lass die Kinder für zehn Minuten „die Erzieher" sein. Sie dürfen die Regeln bestimmen – du hältst dich brav dran. (Warnung: Es wird vermutlich laut!)

Erfolgreichum gesetzt:

☐ Ja

☐ Nein

Welche Rabauken waren dabei:

Wann wurde die Tat begangen:

So lief das Meisterwerk ab:

Wiederholungsbedarf?

☐ Aufjedenfall! ☐ Ja ☐ Den Quatsch mach ich nicht nochmal!

Bewertung des ganzen:

0 1 2 3 4 5 6 7 8 9 10

DIE WICHTIGEN FRAGEN DES KITA-LEBENS

Wer hat immer die besten Ideen für Gruppenspiele, die jede Pause in ein Mini-Abenteuer verwandeln?

- [ ] Spiele-Meisterin
- [ ] Bewegungs-Guru
- [ ] Keiner, alle genießen einfach die Ruhe

Wer vergisst regelmäßig, die Tür zum Gruppenraum zu schließen - und sorgt so für freie Kinderwanderungen durchs Haus?

- [ ] Tür-Vergesserin
- [ ] Gruppenraum-Lüfterin
- [ ] Keiner, alle schließen wie Profis (in der Theorie)

Wer sorgt mit der besten Musik-Playlist für Stimmung beim Aufräume

- [ ] Musik-Maestro
- [ ] Playlist-Queen
- [ ] Keiner, alle bevorzugen das Chaos als Soundtrack

Wer vergisst regelmäßig, den Geschirrspüler im Personalraum anzuschalten?

- [ ] Spülmaschinen-Vergesserin
- [ ] Tassen-Staplerin
- [ ] Keiner, alle sind wahre Spülprofi

Wer hat immer die buntesten Tassen im Personalraum und bringt Farbe in die Kaffeepause?

- [ ] Becher-Künstlerin
- [ ] Tassen-Zauberin
- [ ] Keiner, alle trinken aus denselben Teetassen seit 2014

Wer vergisst regelmäßig, den Wecker nach der Ruhezeit wieder auszuschalten - und erschreckt alle mit einem Mini-Herzinfarkt?

- [ ] Mittagsschlaf-Meisterin
- [ ] Wecker-Vergesserin
- [ ] Keiner, alle sind wach und voller Elan (angeblich)

Verkehrte Welt

Heute gilt: Rollen tauschen!
Die Kollegin aus der Krippe übernimmt mal den Garten,
die Bastelqueen probiert sich im Wickelraum –
und der Morgenkreis wird spontan von jemandem geleitet,
der sonst nur still mitsummt.
Lachen garantiert, Chaos inklusive.

WIE WAR DIE ARBEITSWOCHE?

Lass uns einfach nicht drüber reden!

Ich brauche dringend Schoki. Oder Urlaub. Oder beides.

Ich geh jetzt einfach weinen.

Kinder 1 - Nerven 0.

Perfekt! Ich hatte Frei!

Diese 3 Dinge haben mich genervt:

1. ______________________________
2. ______________________________
3. ______________________________

Welche Kollegin hat dich diese Woche am meisten genervt?

....

Welche charmant-nervige Eigenheit hat deine Kollegin?

....

Welche Geräusche im Gruppenraum bringen dich regelmäßig an deine Grenzen?

....

Welches Verhalten deiner Kollegin hat dich in dieser Woche am meisten herausgefordert?

....

Welcher Tag war wegen Teamchaos, Elternfragen oder Kindertrubel am anstrengendsten?

....

Was könnte deine Kollegin tun, um dich beim nächsten Mal weniger in den Wahnsinn zu treiben?

....

DIE COOLSTE AUFGABE DES TAGES

Lob-Tag

„Heute ist Lob-Tag: Jedes Kind darf der Erzieherin sagen, was sie richtig gut kann."
Tipp: Bereite dich innerlich auf ehrliche Rückmeldungen vor wie: „Du bist gut im Aufräumen – aber langsam."

Erfolgreichum gesetzt:

☐ Ja

☐ Nein

Welche Rabauken waren dabei:

Wann wurde die Tat begangen:

So lief das Meisterwerk ab:

Wiederholungsbedarf?

☐ Aufjedenfall! ☐ Ja ☐ Den Quatsch mach ich nicht nochmal!

Bewertung des ganzen:

0 1 2 3 4 5 6 7 8 9 10

DIE WICHTIGEN FRAGEN DES KITA-LEBENS

Wer vergisst regelmäßig, seine Brotdose aus dem Kühlschrank zu holen?

- [ ] Snack-Archäologin
- [ ] Lunchbox-Verweigerin
- [ ] Keiner, alle essen pünktlich (meistens)

Wer hat immer die kreativsten Aushänge am Schwarzen Brett?

- [ ] Aushang-Künstlerin
- [ ] Zettel-Zauberin
- [ ] Keiner, alle schreiben schlicht „Elterninfo folgt"

Wer bringt immer die neuesten Basteltrends mit, die das ganze Team in den Wahnsinn treiben?

- [ ] Glitzer-Guru
- [ ] Pinterest-Profi
- [ ] Keiner, alle basteln klassisch mit Chaos und Liebe

Wer vergisst regelmäßig, Termine in den Teamkalender einzutragen?

- [ ] Kalender-Vergesserin
- [ ] Planungs-Profi (nur theoretisch)
- [ ] Keiner, alle wissen alles – irgendwie

Wer verliert ständig seinen Lieblingsstuhl beim Morgenkreis?

- [ ] Stuhlroulette-Spielerin
- [ ] Sitzplatz-Wechslerin
- [ ] Keiner, alle sitzen auf festen Prinzipien

Wer schmückt regelmäßig die Pinnwand im Personalraum mit zu vielen Zetteln, Sprüchen und Bastelideen?

- [ ] Deko-Dompteurin
- [ ] Poster-Queen
- [ ] Keiner, alle mögen's nüchtern und grau (haha, sicher!)

Socken-Tag

Alle – Kinder wie Erzieher – kommen mit vertauschten, bunten oder völlig verrückten Socken.

WIE WAR DIE ARBEITSWOCHE?

In welchem Filmgenre würde deine Kollegin am besten mitspielen?

- [ ] Comedy – für unschlagbare Aufräumwitze
- [ ] Action – für heroische Matschhosen-Einsätze
- [ ] Drama – für die Tragik verschütteter Bastelfarben

Wenn eine nervige Kollegin ein Fahrzeug wäre – welches Modell wäre sie?

- [ ] Der laute Lauflernwagen
- [ ] Die unaufhaltsame Bobby-Car-Rakete
- [ ] Der Dauerbus im Stau des Alltags

Welches Urlaubsziel würde deine Kollegin wählen, um den Kita-Alltag zu vergessen?

- [ ] Die Insel der verschwundenen Wechselkleidung
- [ ] Das Tal der endlosen Kaffeemaschinen
- [ ] Der Berg der unausgeräumten Spülmaschinen

Welche Ausrede würdest du verwenden, um einer zusätzlichen Aufgabe zu entkommen?

- [ ] „Ich bin gerade in einer pädagogischen Beobachtung."
- [ ] „Ich teste die Konzentrationsfähigkeit der Kinder – aus der Ferne."
- [ ] „Ich hab Spätdienst… irgendwann."

Welche Superheldin könnte die Kita vor dem täglichen Chaos retten?

- [ ] Captain Kaffeetasse
- [ ] The Silent Glitzer Ninja
- [ ] Die Zeitmanagement-Zauberin

DIE COOLSTE AUFGABE DES TAGES

Krone der Kita

Lass die Kinder heute abstimmen, wer im Team „der lustigste Erwachsener des Tages“ ist. Der oder die Gewinnerin bekommt eine selbstgebastelte Krone – und muss sie den ganzen Tag tragen.

Erfolgreichum gesetzt:

☐ Ja

☐ Nein

Welche Rabauken waren dabei:

Wann wurde die Tat begangen:

So lief das Meisterwerk ab:

Wiederholungsbedarf?

☐ Aufjedenfall! ☐ Ja ☐ Den Quatsch mach ich nicht nochmal!

Bewertung des ganzen:

0 1 2 3 4 5 6 7 8 9 10

DIE WICHTIGEN FRAGEN DES KITA-LEBENS

Wer verliert regelmäßig den Überblick über die Gruppenschlüssel und wird zum Suchprofi des Tages?

- [ ] Schlüssel-Detektivin
- [ ] Türöffnungs-Abenteurerin
- [ ] Keiner, alle wissen immer genau, wo sie nicht sind

Wer hat immer die verrücktesten Ideen für Teambuilding-Aktivitäten?

- [ ] Ausflugs-Titanin
- [ ] Chaos-Koordinatorin
- [ ] Keiner, alle bevorzugen den Weg zum Kaffeeautomaten

Wer vergisst regelmäßig, die Pflanzen im Gruppenraum zu gießen – und sorgt so für den Dschungel des Grauens?

- [ ] Gießkannen-Vergesserin
- [ ] Fensterbank-Entdeckerin
- [ ] Keiner, alle haben grüne Daumen (laut Selbsteinschätzung)

Wer hat immer die wildesten Theorien über defekte Geräte und ihre „pädagogischen Botschaften"?

- [ ] Kaffeemaschinen-Flüsterin
- [ ] Kopierer-Prophetin
- [ ] Keiner, alle lesen einfach die Anleitung (haha!)

Wer vergisst regelmäßig, den Stuhl richtig einzustellen und jammert dann über Rückenschmerzen?

- [ ] Sitzkreis-Optimistin
- [ ] Haltungs-Heldin
- [ ] Keiner, alle sitzen ergonomisch perfekt auf Spielzeugkisten

Wer denkt sich immer die absurdesten Spitznamen für Kinder, Kollegen oder Spielsachen aus?

- [ ] Namens-Ninja
- [ ] Spitznamen-Zauberin
- [ ] Keiner, alle bleiben bei den offiziellen Bezeichnungen (angeblich)

Emoji

Heute ist Emoji-Tag in der Kita! Jede Erzieherin wählt ein Emoji-Gesicht aus – fröhlich, müde, genervt oder ganz einfach „Ich brauch Kaffee".
Die Kinder müssen erraten, welches Emoji-Gefühl die Erzieherin heute darstellt.

WIE WAR DIE ARBEITSWOCHE?

Lass uns einfach nicht drüber reden! | Ich brauche dringend Schoki. Oder Urlaub. Oder beides. | Ich geh jetzt einfach weinen. | Kinder 1 - Nerven 0. | Perfekt! Ich hatte Frei!

Diese 3 Dingen haben mich genervt:

1. ______________________________
2. ______________________________
3. ______________________________

Wer ist berüchtigt dafür, die Stühle im Morgenkreis in ein Kunstwerk des Chaos zu verwandeln?

....

Wer bringt das Kopiergerät regelmäßig dazu, mysteriöse Dinge zu drucken - zum Beispiel Kinderzeichnungen von letzter Woche?

....

Wer hat die besondere Fähigkeit, Elternnachrichten in Rekordzeit zu beantworten (und dabei noch Kaffee zu trinken)?

....

Wer ist der heimliche Meister im Vertauschen von Mützen, Schuhen oder Wechselklamotten?

....

Was war das lustigste Chaos im Personalraum, das dich trotzdem genervt hat?

....

Wer liefert sich regelmäßig das intensivste Duell um die Mikrowelle?

....

DIE COOLSTE AUFGABE DES KITA-TAGES

Begrüßung deluxe

Lass die Kinder heute bestimmen, wie die Erzieherinnen sich begrüßen müssen.
Zur Auswahl stehen z. B.: High-Five, Tiergeräusch oder Tanzbewegung.

Erfolgreichum gesetzt:

☐ Ja

☐ Nein

Welche Rabauken waren dabei:

Wann wurde die Tat begangen:

So lief das Meisterwerk ab:

Wiederholungsbedarf?

☐ Aufjedenfall! ☐ Ja ☐ Den Quatsch mach ich nicht nochmal!

Bewertung des ganzen:

0 1 2 3 4 5 6 7 8 9 10

DIE WICHTIGEN FRAGEN DES KITA-LEBENS

Wer vergisst regelmäßig, seine Kaffeetasse zu spülen und wird so zum Becher-Sammler des Personalraums?

- [ ] Tassen-Vergesserin
- [ ] Spülmuffel-Queen
- [ ] Keiner, alle lieben sauberen Koffeinglanz

Wer hat immer die schrillsten Kinderlieder auf Dauerschleife und verwandelt die Kita in ein akustisches Abenteuer?

- [ ] Singkreis-Diva
- [ ] Musik-Maestro
- [ ] Keiner, alle mögen pädagogische Stille (haha)

Wer vergisst regelmäßig, den Essplatz nach dem Mittagessen zu desinfizieren - inklusive Glitzerresten und Ketchup-Klecksen?

- [ ] Hygiene-Heldin
- [ ] Tisch-Tornado
- [ ] Keiner, alle haben ein Auge fürs Saubere (angeblich)

Wer hat immer die ausgefallensten Ideen für Motto-Tage oder Verkleidungen?

- [ ] Kostüm-Künstlerin
- [ ] Karnevals-Guru
- [ ] Keiner, alle bleiben lieber im Kita-Alltagslook

Wer vergisst regelmäßig, seine Bluetooth-Box leise zu stellen und sorgt für spontane Tanzpartys?

- [ ] Lautstärke-Legende
- [ ] Musik-Magierin
- [ ] Keiner, alle haben den richtigen Beat im Blut

Wer kennt alle geheimen Tastenkombinationen der Doku-App - und rettet so regelmäßig die Technik?

- [ ] Tablet-Zauberin
- [ ] App-Flüsterin
- [ ] Keiner, alle tippen auf gut Glück

Gerüchte aus der Puppenecke

Jede Erzieherin denkt sich eine absichtlich falsche Kita-Information aus und erzählt sie im Team.
Zum Beispiel:
„Heute kommt der Gesundheitsminister zur Sandkasten-Inspektion."
oder „Die Bausteine dürfen jetzt nur noch nach Farbe sortiert benutzt werden."
Die anderen müssen herausfinden, was an der Information falsch ist.

WIE WAR DIE ARBEITSWOCHE?

Welcher Zaubertrick würde die Kita-Magie deiner Kollegin am besten beschreiben?

- [ ] Der unsichtbare Kaffeetrick
- [ ] Die schwebende Bastelscheren-Akrobatik
- [ ] Die spontane Glitzerexplosion

In welchem Kinderbuch würde deine Kollegin die Hauptrolle spielen?

- [ ] Die Chroniken der verschwundenen Brotdosen
- [ ] Die Herrin der Matschhosen
- [ ] Harry Pädo und der Orden der Endlosgeduld

Welches Haustier würde die Persönlichkeit deiner Kollegin am besten widerspiegeln?

- [ ] Die energiegeladene Bürohummel
- [ ] Die neugierige Bastelkatze
- [ ] Der kommunikative Gruppenpapagei

Wenn deine Kollegin ein Gericht wäre - welches wäre sie?

- [ ] Das Spaghetti-Chaos a la Office
- [ ] Die Pizza der Pausenlosigkeit
- [ ] Das Sandwich der Schrulligkeiten

In welcher Kindersendung könnte deine Kollegin eine Gastrolle haben?

- [ ] Die wilden Matschhosen
- [ ] Die unerschütterlichen Frühstücksheldinnen
- [ ] Abenteuer im Aufräumland

DIE COOLSTE AUFGABE DES KITA-TAGES

Applaus-Falle

Verstecke im Gruppenraum einen kleinen Zettel mit der Aufschrift: „Wer das liest, bekommt heute extra Applaus vom Team!"

Erfolgreichum gesetzt:

☐ Ja

☐ Nein

Welche Rabauken waren dabei:

Wann wurde die Tat begangen:

So lief das Meisterwerk ab:

Wiederholungsbedarf?

☐ Aufjedenfall! ☐ Ja ☐ Den Quatsch mach ich nicht nochmal!

Bewertung des ganzen:

0 1 2 3 4 5 6 7 8 9 10

DIE WICHTIGEN FRAGEN DES KITA-LEBENS

Wer bringt immer die neuesten Bastelideen mit, die das Chaos verdoppeln?

- [ ] Kreativ-Guru
- [ ] Bastel-Entdeckerin
- [ ] Keiner, alle bleiben bei Klorollen und Hoffnung

Wer vergisst regelmäßig, nach dem Mittagessen zu lüften – und sorgt so für „Aroma der Woche" im Gruppenraum?

- [ ] Lüftungs-Vergesserin
- [ ] Mittagspausen-Duftfee
- [ ] Keiner, alle atmen frische Luft (irgendwann)

Wer verliert regelmäßig die Bastelscheren und sorgt so für kreative Panikmomente?

- [ ] Scheren-Verlegerin
- [ ] Material-Chaotin
- [ ] Keiner, alle wissen immer genau, wo sie nicht sind

Wer hat die besten Ausreden für zu spätes Erscheinen im Frühdienst?

- [ ] Wecker-Opfer
- [ ] Kaffeemaschinen-Dramaqueen
- [ ] Keiner, alle sind pünktlich – innerlich jedenfalls

Wer vergisst regelmäßig, das Tablet zu laden, und wird so zur Doku-Verweigerin des Tages?

- [ ] Technik-Trottelin
- [ ] Akkuspar-Fee
- [ ] Keiner, alle lieben blinkende Warnzeichen

Wer hat immer die schrägsten Ideen für kleine Streiche im Teamraum?

- [ ] Scherz-Planerin
- [ ] Chaos-Komikerin
- [ ] Keiner, alle sind viel zu brav für so was (angeblich)

Spiele-Nachmittag

Plane einen Nachmittag voller klassischer Kita-Spiele – diesmal fürs Team! „Fischer, Fischer, wie tief ist das Wasser?“, „Reise nach Jerusalem“ oder „Der Plätzchenteig ist Lava!“ Wer gewinnt, bekommt den Titel „Spielplatz-Legende des Tages“ – und darf am nächsten Morgen den Morgenkreis ansagen.

WIE WAR DIE ARBEITSWOCHE?

Diese 3 Dinge haben mich genervt:

1. ______________________________
2. ______________________________
3. ______________________________

Wer ist die unangefochtene Königin der spontanen Stuhlkreis-Partys?

....

Wer hat die seltsamste Sammlung im Gruppenraum (Steine, Glitzer oder leere Klopapierrollen)?

....

Wer zaubert die witzigsten Kritzeleien auf das Whiteboard im Personalraum?

....

Wer versorgt das Team regelmäßig mit Nervennahrung – vorzugsweise Gummibärchen oder Schokolade?

....

Wer führt die epischsten Kleber- oder Stift-Duelle im Bastelchaos?

....

Wer mixt die kreativsten Getränke-Kombinationen aus Saft, Wasser und Kindertee?

....

DIE COOLSTE AUFGABE DES KITA-TAGES

Die macht auch immer Urlaub

Platziere eine aufblasbare Palme am Schreibtisch deiner Leitung und dekoriere ihn wie einen Strand.

Erfolgreichum gesetzt:

☐ Ja ____________________

☐ Nein ____________________

Welche Rabauken waren dabei:

____

____

Wann wurde die Tat begangen:

____

So lief das Meisterwerk ab:

____

____

____

____

Wiederholungsbedarf?

☐ Aufjedenfall! ☐ Ja ☐ Den Quatsch mach ich nicht nochmal!

Bewertung des ganzen:

0 1 2 3 4 5 6 7 8 9 10

DIE WICHTIGEN FRAGEN DES KITA-LEBENS

Wer vergisst regelmäßig, das Licht im Gruppenraum auszuschalten?

- [ ] Lichtschalter-Vergesserin
- [ ] Sparstrom-Muffel
- [ ] Keiner, alle leuchten innerlich genug

Wer trägt immer die auffälligsten Schuhe – vom Glitzerturnschuh bis zur Quietschsohle?

- [ ] Schuh-Showstar
- [ ] Matschhosen-Model
- [ ] Keiner, alle setzen auf praktische Pädagogik-Treter

Wer vergisst regelmäßig, Geburtstage im Team zu erwähnen – bis der Kuchen schon gegessen ist?

- [ ] Kalender-Chaotin
- [ ] Kuchen-Verspätungs-Profi
- [ ] Keiner, alle haben die Geburtstage im Blick (irgendwann)

Wer hat immer die wildesten Ideen für die Gruppenraum-Deko?

- [ ] Deko-Dompteurin
- [ ] Bastel-Kunst-Guru
- [ ] Keiner, alle stehen auf den Stil „Nach dem Sturm"

Wer verliert regelmäßig den Überblick über die Brotdosen oder Ersatzkleidung im Küchenschrank?

- [ ] Brotdosen-Detektivin
- [ ] Küchenschrank-Abenteurerin
- [ ] Keiner, alle sind Ordnungsprofis im Chaos

Wer vergisst regelmäßig, das Gruppen-Tablet auszuschalten – und wundert sich über 257 Kinderfotos am nächsten Tag?

- [ ] Technik-Zauberin
- [ ] Screenshot-Sammlerin
- [ ] Keiner, alle sind wahre Digitalpädagogen

Geräusch-Konzert

Jede Kollegin wählt ein typisches Kita-Geräusch aus – vom Bauklotz-Krachen über das Stuhlkreis-Kichern bis zum Wasserspender-Blubbern. Dann führt das Team gemeinsam ein Geräusch-Konzert auf.

WIE WAR DIE ARBEITSWOCHE?

Lass uns einfach nicht drüber reden! | Ich brauche dringend Schoki. Oder Urlaub. Oder beides. | Ich geh jetzt einfach weinen. | Kinder 1 - Nerven 0. | Perfekt! Ich hatte Frei!

Welches Märchen repräsentiert am besten den Arbeitsalltag deiner Kollegin?

- [ ] Aschenputtel und der nie endende Wäscheberg
- [ ] Der Froschkönig und die verzauberte Brotdose
- [ ] Rotkäppchen und der hungrige Snackkorb

Welche berühmte Kindergeschichte könnte deine Kollegin übernehmen?

- [ ] Die Kaffeemeisterin von OZ
- [ ] Die Sandmännchen-Vertretung
- [ ] Die Matschhosen-Gang

Welches ungewöhnliche Talent könnte deine Kollegin bei einer Kita-Show präsentieren?

- [ ] Kaffeekunst - das Malen mit Milch und Hoffnung
- [ ] Brotdosen-Akrobatik - das Stapeln ohne Nervenverlust
- [ ] Liedergarten-Zauberei - fünf Kinderlieder gleichzeitig singen

Wenn deine Kollegin ein Gemüse wäre, welches würde sie am besten repräsentieren?

- [ ] Die charmante Zucchini - vielseitig, aber unterschätzt
- [ ] Die süße Paprika - bunt, laut und immer mittendrin
- [ ] Die geheimnisvolle Aubergine - keiner weiß genau, wie man sie richtig einsetzt

Wenn deine Kollegin ein Urlaubsort wäre, welcher wäre sie?

- [ ] Der Ruheinsel-Spielplatz - Erholung mit Geräuschkulisse
- [ ] Die Bastel-Berge - Abenteuer zwischen Papier und Glitzer
- [ ] Das Pädagogik-Paradies - wo Geduld blüht und Kaffee fließt

DIE COOLSTE AUFGABE DES KITA-TAGES

Kreativmodus

Ersetze im Personalraum alle Stifte durch Wachsmaler. Mal sehen, wie lange es dauert, bis jemand das merkt.

Erfolgreichum gesetzt:

☐ Ja

☐ Nein

Welche Rabauken waren dabei:

Wann wurde die Tat begangen:

So lief das Meisterwerk ab:

Wiederholungsbedarf?

☐ Aufjedenfall! ☐ Ja ☐ Den Quatsch mach ich nicht nochmal!

Bewertung des ganzen:

0 1 2 3 4 5 6 7 8 9 10

Wer hat immer die besten Tipps für die effizienteste Kaffeezubereitung zwischen zwei Wickelrunden?

- [ ] Kaffeepausen-Göttin
- [ ] Koffein-Zauberin
- [ ] Keiner, alle setzen auf spontane Überlebensstrategien

Wer bringt immer die neuesten Office-Trivia-Fakten mit, die das Büro in eine Wissensarena verwandeln?

- [ ] Warum-Profi
- [ ] Fragen-Forscherin
- [ ] Keiner, alle googeln heimlich in der Pause

Wer vergisst regelmäßig, die To-do-Liste zu aktualisieren – und arbeitet trotzdem alles irgendwie ab?

- [ ] Planungs-Pionierin
- [ ] Listen-Lockerin
- [ ] Keiner, alle haben das Chaos im Griff (angeblich)

Wer hat immer die buntesten Elterninfos, Post-its und Bastelzettel am Arbeitsplatz?

- [ ] Zettel-Zauberin
- [ ] Papier-Künstlerin
- [ ] Keiner, alle mögen's schlicht – auf Papierbergen

Wer vergisst regelmäßig, welche Tasse ihr gehört – und wird zum Becher-Botschafter des Teams?

- [ ] Tassen-Nomadin
- [ ] Kaffee-Kollektorin
- [ ] Keiner, alle trinken einfach aus dem, was da steht

Wer verliert regelmäßig den Überblick über die Pflanzen im Gruppenraum und wird zur Fensterbank-Forscherin?

- [ ] Blumentopf-Abenteurerin
- [ ] Gießkannen-Vergesserin
- [ ] Keiner, alle haben grüne Daumen – im Herzen zumindest

Kita Zukunftsprognosen

Die Erzieherinnen schreiben lustige Zukunftsprognosen für ihre Kolleginnen. Zum Beispiel: „In 10 Jahren leitet sie das Institut für verlorene Brotdosen" Bonus: Die Kinder dürfen erraten, wer welche Zukunft bekommen hat – und natürlich eigene Ideen hinzufügen wie „Sie wird später bestimmt mal Chefin vom Sandkasten!"

WIE WAR DIE ARBEITSWOCHE?

Lass uns einfach nicht drüber reden!

Ich brauche dringend Schoki. Oder Urlaub. Oder beides.

Ich geh jetzt einfach weinen.

Kinder 1 - Nerven 0.

Perfekt! Ich hatte Frei!

Diese 3 Dinge haben mich genervt:

1. ______________________________
2. ______________________________
3. ______________________________

Wie gehst du mit den Raumtemperatur-Kriegen in der Kita um - besonders im Sommer?

....

Welche Kollegin hat den chaotischsten Gruppenraum, der dich regelmäßig in den Wahnsinn treibt?

....

Was ist das nervigste Platzdrama im Morgenkreis?

....

Welche Kollegin lässt ständig die Klingel läuten - und alle rennen umsonst zur Tür?

....

Was ist deine größte Frustquelle an der Kaffeemaschine - außer, dass sie leer ist?

....

Welche Teambesprechung hätte auch locker mit einer Sprachnachricht erledigt werden können?

....

DIE COOLSTE AUFGABE DES KITA-TAGES

Neu im Sortiment

Hänge einen Zettel an alle neuen Geräte und fordere dazu auf, die Sprachsteuerung zu nutzen.

Erfolgreichum gesetzt:

☐ Ja

☐ Nein

Welche Rabauken waren dabei:

Wann wurde die Tat begangen:

So lief das Meisterwerk ab:

Wiederholungsbedarf?

☐ Aufjedenfall! ☐ Ja ☐ Den Quatsch mach ich nicht nochmal!

Bewertung des ganzen:

0 1 2 3 4 5 6 7 8 9 10

DIE WICHTIGEN FRAGEN DES KITA-LEBENS

Wer bringt immer die skurrilsten Snacks mit, die die Frühstückspause in ein Abenteuer verwandeln?

- [ ] Snack-Entdeckerin
- [ ] Brotbox-Abenteurerin
- [ ] Keiner, alle bleiben bei Apfelschnitzen und Hoffnung

Wer hat immer die neuesten Kinder-Sprüche parat und wird so zur Sprachkünstlerin des Teams?

- [ ] Zitate-Sammlerin
- [ ] Wortakrobatin
- [ ] Keiner, alle reden in Pädagogik-Prosa

Wer vergisst regelmäßig, den Gruppenraum nach der Ruhezeit wieder aufzuräumen?

- [ ] Traumdecken-Tornado
- [ ] Kissen-Kapitänen
- [ ] Keiner, alle hinterlassen himmlische Ordnung

Wer hat immer die lauteste Stimme im Morgenkreis und dirigiert das Chaos wie ein Orchester?

- [ ] Singkreis-Diva
- [ ] Lautstärke-Legende
- [ ] Keiner, alle sprechen sanft wie Waldgeister (angeblich)

Wer vergisst regelmäßig, neue Bastelmaterialien zu besorgen und rettet sich mit spontaner Kreativität?

- [ ] Papier-Zauberin
- [ ] Kleber-Krisenmanagerin
- [ ] Keiner, alle sind wahre Vorratskünstler

Wer hat immer die besten Ausreden, warum sie zu spät aus der Pause kommt?

- [ ] Ausreden-Alchemist
- [ ] Morgen-Muffel-Meister
- [ ] Keiner, alle sind pünktlich – innerlich zumindest

Erzieher-Olympiade

Die große Erzieher*innen-Olympiade
Heute wird gemessen, wer das wahre Multitasking-Talent im Team ist!
Disziplinen:
- 3 Brotdosen gleichzeitig öffnen
- 5 Kinder gleichzeitig anziehen
- 1 Kaffee trinken, ohne ihn kalt werden zu lassen

WIE WAR DIE ARBEITSWOCHE?

Lass uns einfach nicht drüber reden!

Ich brauche dringend Schoki. Oder Urlaub. Oder beides.

Ich geh jetzt einfach weinen.

Kinder 1 - Nerven 0.

Perfekt! Ich hatte Frei!

Wenn deine Kollegin ein Kinderbuch-Genre wäre - welches würde am besten passen?

- [ ] Abenteuer - mit unvorhersehbaren Wendungen
- [ ] Sachbuch - für pädagogische Präzision und Kaffeewissen
- [ ] Märchen - mit dem ewigen Traum vom aufgeräumten Gruppenraum

Welche Figur aus einem Kinderbuch könnte deine Kollegin sein?

- [ ] Der Drache, der lieber bastelt als Feuer spuckt
- [ ] Die Fee der verlorenen Mützen
- [ ] Der Detektiv mit dem Riecher für verschüttete Apfelschorle

Diese 3 Dinge haben dich am meisten zum Schmunzeln genervt:

- [ ] Die Superkraft, immer dann aufzutauchen, wenn ich in Eile bin.
- [ ] Das Talent von Eltern, Small-Talks in epische Geschichtsstunden zu verwandeln.
- [ ] Die Fähigkeit, meinen Namen in der nervigsten Tonlage auszusprechen.

Welcher Spitzname würde am besten zu deiner Kollegin passen?

- [ ] Heldin der Turnbeutel
- [ ] Meisterin der verschwundenen Socken
- [ ] Die unbesiegbare Brotdosen-Bändigerin

Wenn deine Kollegin ein Soundeffekt wäre, welcher wäre sie am ehesten?

- [ ] Dauersirene Kaugummi
- [ ] kauende Giraffe
- [ ] Überdramatisches Seufzen

DIE COOLSTE AUFGABE DES KITA-TAGES

Ist den schon Weihnachten?

Überrasche deinen Kollegen, indem du alle Alltagsgegenstände in Geschenkpapier einwickelst.

Erfolgreichum gesetzt:

☐ Ja

☐ Nein

Welche Rabauken waren dabei:

Wann wurde die Tat begangen:

So lief das Meisterwerk ab:

Wiederholungsbedarf?

☐ Aufjedenfall! ☐ Ja ☐ Den Quatsch mach ich nicht nochmal!

Bewertung des ganzen:

0 1 2 3 4 5 6 7 8 9 10

DIE WICHTIGEN FRAGEN DES KITA-LEBENS

Wer vergisst regelmäßig, im Winter Handschuhe mitzunehmen - und klaut dann kurzerhand die Ersatzpaar der Kinder?

- [ ] Frostbeulen-Queen
- [ ] Schneeball-Verweigerin
- [ ] Keiner, alle sind warmherzig genug

Wer hat immer die verrücktesten Ideen für das Kühlschrank-Kunstprojekt im Personalraum?

- [ ] Resteverwerterin Deluxe
- [ ] Tupper-Installationskünstlerin
- [ ] Keiner, alle essen rechtzeitig - theoretisch

Wer verliert regelmäßig den Gruppenschlüssel und verwandelt sich in die Indiana Jones der Garderobe?

- [ ] Schlüssel-Sucherin
- [ ] Tür-Detektivin
- [ ] Keiner, alle wissen genau, wo er nicht ist

Wer vergisst regelmäßig, den Stuhl auf die richtige Höhe einzustellen - und beschwert sich dann über Rückenschmerzen?

- [ ] Sitzkreis-Akrobatin
- [ ] Ergo-Abenteurerin
- [ ] Keiner, alle haben die perfekte Haltung (beim Jammern)

Wer hat die originellsten Ideen für Notizzettel und Spickzettel im Teamraum?

- [ ] Post-it-Poetin
- [ ] To-do-Listen-Lyrikerin
- [ ] Keiner, alle verlassen sich auf das Chaos-Gedächtnis

Wer vergisst regelmäßig, das Licht auszuschalten - und wundert sich, warum die Stromrechnung so leuchtet wie ein Weihnachtsbaum?

- [ ] Lampen-Legende
- [ ] Schalter-Schussel
- [ ] Keiner, alle sind Klimaschützerinnen

Emoji Challenge

Die Erzieher wählen einen Song aus und drücken ihre Interpretation des Songtexts durch die Verwendung von Emojis aus. Andere müssen erraten, um welchen Song es sich handelt.

WIE WAR DIE ARBEITSWOCHE?

Diese 3 Dinge haben mich genervt:

1.
2.
3.

Wer ist die nervigste Kollegin – und warum genau verdient sie diesen Titel?

Was hat dich zuletzt in der Kita so richtig auf die Palme gebracht?

Welche Angewohnheit deiner Kolleginnen treibt dich regelmäßig an den Rand des pädagogischen Wahnsinns?

Nenne drei Dinge in der Kita, die dich regelmäßig nerven – (und ja, Kinder zählen auch, wenn sie gerade wieder schreiend durch den Flur rennen).

Was hat dich heute in der Kita besonders genervt – Eltern, Kinder oder einfach das Leben?

Wer ist die herausforderndste Kollegin, mit der du zusammenarbeiten musst – und warum überlegst du trotzdem jeden Tag, sie nicht einfach in den Sandkasten zu setzen?

DIE COOLSTE AUFGABE DES KITA-TAGES

Jetzt geht's aber zuweit!

Tausche den Kaffee gegen koffeinfreien Kaffee aus. Steigere den Spaß mit extra starkem Espressopulver.

Erfolgreichum gesetzt:

☐ Ja

☐ Nein

Welche Rabauken waren dabei:

Wann wurde die Tat begangen:

So lief das Meisterwerk ab:

Wiederholungsbedarf?

☐ Aufjedenfall! ☐ Ja ☐ Den Quatsch mach ich nicht nochmal!

Bewertung des ganzen:

0 1 2 3 4 5 6 7 8 9 10

DIE WICHTIGEN FRAGEN DES KITA-LEBENS

Wer hat immer die buntesten Stifte und verwandelt jedes Protokoll in ein Kunstwerk?

☐ Stift-Künstlerin

☐ Schreibtisch-Malerin

☐ Keiner, alle schreiben nur mit genervtem Kugelschreibe

Wer vergisst regelmäßig, die Pflanzen im Gruppenraum zu gießen - und sorgt für botanisches Drama?

☐ Gießkannen-Vergesserin

☐ Fensterbank-Dürremeisterin

☐ Keiner, alle haben grüne Daumen (angeblich)

Wer dekoriert den Gruppenraum so kreativ, dass man kaum noch rausfindet?

☐ Deko-Queen

☐ Bastel-Museumsleiterin

☐ Keiner, alle mögen's schlicht - wie der Flur

Wer erzählt die spannendsten Geschichten über verschwundene Elternbriefe?

☐ Papier-Detektivin

☐ Zettel-Zauberin

☐ Keiner, alle behalten ihre Ausdrucke im Griff (haha)

Wer vergisst regelmäßig, den Laptop-Bildschirm zu putzen - und wundert sich über den grauen Schleier?

☐ Staub-Sammlerin

☐ Technik-Schreck

☐ Keiner, alle haben blitzblanke Geräte (in ihren Träumen)

Wer hat immer die wildesten Ideen für die Kita-Playlist?

☐ Tanzflächen-Tante

☐ Musik-Magierin

☐ Keiner, alle stehen auf „Stille ist Gold wert"

Haarschmuck-Tag

Ein Tag, an dem jede Erzieherin mit einem völlig übertriebenen Haarschmuck erscheinen muss. Von Glitzerkrone bis Wäscheklammer ist alles erlaubt – Hauptsache, es hält bis zur Mittagspause.

WIE WAR DIE ARBEITSWOCHE?

Lass uns einfach nicht drüber reden! | Ich brauche dringend Schoki. Oder Urlaub. Oder beides. | Ich geh jetzt einfach weinen. | Kinder 1 – Nerven 0. | Perfekt! Ich hatte Frei!

Welche Superkraft hätte deine nervigste Kollegin gerne?

☐ Pausen in Echtzeit verlängern

☐ Unsichtbar werden, wenn Chaos droht

☐ Gedankenübertragung – nur, um dich beim Wickeln zu stören

Welcher Urlaubsort wäre perfekt für deine nervigste Kollegin?

☐ Die Insel der endlosen Elternabende

☐ Das Tal der unbeantworteten Mails an die Leitung

☐ Der Berg der niemals endenden To-do-Listen

Welches Tier würde deine Kollegin am besten repräsentieren?

☐ Der übermotivierte Papagei im Stuhlkreis

☐ Die schlaflose Bastel-Eule

☐ Das nervige Kaffeesuch-Meerschwein

Wenn deine Kollegin eine Filmrolle wäre, welche würde am besten passen?

☐ Die Hauptrolle in „50 Shades of Kleber"

☐ Die Nebendarstellerin in „Chaos im Gruppenraum"

☐ Der stille Statist im „Krieg der Brotdosen"

Welches Verkehrsmittel würde deine Kollegin am besten beschreiben?

☐ Das Bobbycar, das ständig im Weg steht

☐ Die Bimmelbahn der Wiederholungen

☐ Der Hubschrauber-Eltern-Taxi-Express

DIE COOLSTE AUFGABE DES KITA-TAGES

Achtung Baustelle!

Setze Warnschilder und Absperrbänder um die Puppenecke oder Spielecke und schreibe "Bauarbeiten".

Erfolgreichum gesetzt:

☐ Ja

☐ Nein

Welche Rabauken waren dabei:

Wann wurde die Tat begangen:

So lief das Meisterwerk ab:

Wiederholungsbedarf?

☐ Aufjedenfall! ☐ Ja ☐ Den Quatsch mach ich nicht nochmal!

Bewertung des ganzen:

0 1 2 3 4 5 6 7 8 9 10

DIE WICHTIGEN FRAGEN DES KITA-LEBENS

Wer vergisst regelmäßig, seinen Pausensnack im Kühlschrank zu beschriften - und beschuldigt dann die Kinderküche des Diebstahls?

☐ Snack-Verschwenderin

☐ Brotbox-Detektivin

☐ Keiner, alle teilen gerne (ungefragt)

Wer hat immer die besten Ideen für spontane Preisverleihungen im Team?

☐ Oscar-der-Geduld

☐ Heldin-des-Wickelraums

☐ Keiner, alle verdienen höchstens den „Überlebt-den-Montag"-Orden

Wer vergisst regelmäßig, den Teamkalender zu checken - und steht dann plötzlich im falschen Raum mit der falschen Gruppe?

☐ Termin-Verweigerin

☐ Kalender-Chaotin

☐ Keiner, alle haben den Überblick... irgendwann

Wer startet regelmäßig unsichtbare Wettkämpfe im Aufräumen, Basteln oder Erziehen - und tut so, als wäre alles Teamarbeit?

☐ Aufräum-Amazone

☐ Bastel-Berserkerin

☐ Keiner, alle machen das nur aus pädagogischer Liebe

Wer vergisst regelmäßig, die Kaffeemaschine sauber zu machen, und beschuldigt dann „den Spätdienst"?

☐ Kaffee-Komplizin

☐ Becher-Betrügerin

☐ Keiner, alle halten's für Teamarbeit

Wer gibt die kreativsten Tipps für kleine Pausen zwischendurch - die trotzdem niemand schafft?

☐ Atempausen-Guru

☐ Ruhe-Ratgeberin

☐ Keiner, alle rennen lieber weiter mit kaltem Kaffee

Talente-Show

Jeder Erzieher präsentiert ein verstecktes Talent oder eine Fähigkeit, von der die anderen vielleicht nichts wissen.

WIE WAR DIE ARBEITSWOCHE?

Diese 3 Dinge haben mich genervt:

1. ______________________________
2. ______________________________
3. ______________________________

Wer ruft am häufigsten eine „Notfall-Kaffeepause“ aus – noch bevor der Tag richtig angefangen hat?

....

Gibt es eine Kollegin, die heimlich „Luftgitarre“ mit der Kehrschaufel spielt, wenn kein Kind hinschaut?

....

Wer hat das erstaunlichste Talent, Brotdosen im Kühlschrank zu vergessen – bis sie ein Eigenleben entwickeln?

....

Wer veranstaltet das eindrucksvollste Wasserkessel-Solo beim Teeaufbrühen – inklusive dramatischem Dampfauftritt?

....

Wer verursacht beim Kaffee-Einschenken die meisten „pädagogisch begleiteten Überschwemmungen“?

....

Wer verbreitet neue Kita-Klatschgeschichten so effektiv, dass selbst die Leitung sie schon von den Eltern hört?

....

DIE COOLSTE AUFGABE DES KITA-TAGES

Kritik aus erster Hand

Schreibe auf die Pinnwand:
„Heute gibt's Feedback-Runde mit den Kindern – ehrlich, ungefiltert, gnadenlos." Dann frag sie, was du „besser machen" könntest. Halte durch...

Erfolgreichum gesetzt:

- [ ] Ja
- [ ] Nein

Welche Rabauken waren dabei:

___

___

Wann wurde die Tat begangen:

___

So lief das Meisterwerk ab:

___

___

___

___

Wiederholungsbedarf?

- [ ] Aufjedenfall!
- [ ] Ja
- [ ] Den Quatsch mach ich nicht nochmal!

Bewertung des ganzen:

0 1 2 3 4 5 6 7 8 9 10

DIE WICHTIGEN FRAGEN DES KITA-LEBENS

Wer verliert regelmäßig den Überblick über seine Tassen und trinkt irgendwann aus dem Becher mit Glitzeraufkleber?

☐ Tassen-Taucherin

☐ Becher-Sucherin

☐ Keiner, alle haben ihre Tasse im Blick (irgendwo)

Wer vergisst regelmäßig, die Pflanzen im Gruppenraum zu stutzen – bis es aussieht wie ein Dschungelprojekt der Kinder?

☐ Gießkannen-Guru

☐ Fensterbank-Försterin

☐ Keiner, alle haben grüne Daumen – laut eigener Aussage

Wer bringt die verrücktesten Ideen für Motto-Tage oder Aktionswochen mit - inklusive Glitzerexplosionen und Chaosgarantie?

☐ Ideen-Influenzerin

☐ Motto-Magierin

☐ Keiner, alle mögen's klassisch: Stressfrei und still

Wer vergisst regelmäßig, die Kaffeemaschine auszuschalten - und wundert sich über das schwarze Wunderelixier am nächsten Morgen?

☐ Kaffee-Königin

☐ Tröpfchen-Trottelin

☐ Keiner, alle achten auf nachhaltige Koffeinquellen

Wer schleppt ständig neue Basteltrends oder Apps an, die „alles vereinfachen" - aber keiner versteht?

☐ Technik-Zauberin

☐ Bastel-Bloggerin

☐ Keiner, alle bleiben bei Stift und Zettel (und Nerven)

Wer hat die wildesten Ideen für die Kita-Weihnachtsfeier - von Rentierkostümen bis zur Glühweinpädagogik?

☐ Festtags-Fee

☐ Deko-Diva

☐ Keiner, alle feiern nur innerlich

Kita-Cluedo

Organisiere ein mit den schlausten Kindern Kita-Cluedo, bei dem verschiedene "Tatorte" im Büro untersucht und erraten werden müssen:
Welcher "Erzieher" hat das "Verbrechen" begangen??

WIE WAR DIE ARBEITSWOCHE?

Lass uns einfach nicht drüber reden! | Ich brauche dringend Schoki. Oder Urlaub. Oder beides. | Ich geh jetzt einfach weinen. | Kinder 1 - Nerven 0. | Perfekt! Ich hatte Frei!

Wenn deine nervigste Kollegin eine erfundene Krankheit hätte - welche wäre es?

- ☐ Chronisches Dauer-Kommentier-Syndrom
- ☐ Läster-Laryngitis
- ☐ Pädagogisches Besserwiss-Fieber

Wenn deine nervigste Kollegin ein Wetterphänomen wäre - welches?

- ☐ Ein endloser Nieselregen aus unnötigen Tipps
- ☐ Ein plötzlicher Elterngespräch-Sturm
- ☐ Ein lauwarmer Wind der Überforderung

Welches absurde Geräusch würde deine Kollegin am besten repräsentieren?

- ☐ Das endlose Rascheln von Brottüten im Flur
- ☐ Das Summen einer überdrehten Aufräumfee
- ☐ Das Tropfen von Kaffeeresten im Spülbecken

Wenn deine Kollegin ein Verkehrsschild wäre - welches würde passen?

- ☐ Achtung, Überforderung kreuzt!
- ☐ Redeschwall - 200 Meter
- ☐ Spielstraße - aber nur, wenn sie will

Welche erfundene Technologie würde perfekt zu deiner nervigsten Kollegin passen?

- ☐ Der automatische Ratschlag-Repeater
- ☐ Die Chaos-to-go-Maschine
- ☐ Das Dauerläuten-für-unnötige-Fragen-Gerät

DIE COOLSTE AUFGABE DES KITA-TAGES

Farben des Wahnsinns

**Fülle eine Schüssel mit M&Ms – mit Farberklärung:
Rot = Aufräumen, Blau = Spülmaschine,
Gelb = Kinder trösten, Grün = Eltern anlächeln.
Welche Farbe bleibt in der Schüssel zurück?**

Erfolgreichum gesetzt:

☐ Ja

☐ Nein

Welche Rabauken waren dabei:

____

____

Wann wurde die Tat begangen:

____

So lief das Meisterwerk ab:

____

____

____

____

Wiederholungsbedarf?

☐ Aufjedenfall! ☐ Ja ☐ Den Quatsch mach ich nicht nochmal!

Bewertung des ganzen:

0 – 1 – 2 – 3 – 4 – 5 – 6 – 7 – 8 – 9 – 10

DIE WICHTIGEN FRAGEN DES KITA-LEBENS

Wer bringt immer die neuesten „pädagogischen Modetrends“ mit – von Glitzerschuhen bis hin zum Kasack mit Statement-Aufdruck?

- [ ] Kita-Stylistin
- [ ] Matschhosen-Model
- [ ] Keiner, alle tragen den Look „Ich hab's überlebt“

Wer hat immer die verrücktesten Ideen für den nächsten Teamausflug?

- [ ] Ausflugs-Abenteurerin
- [ ] Chaos-Koordinatorin
- [ ] Keiner, alle wollen einfach nur schlafen

Wer vergisst regelmäßig, die Pflanzen im Gruppenraum zu gießen – und nennt es dann „Naturerfahrung für Kinder“?

- [ ] Gießkannen-Vergesserin
- [ ] Fensterbank-Wüstenfee
- [ ] Keiner, alle haben grüne Daumen – im Portfolio

Wer bringt immer die besten Witze für die morgendliche Kaffeepause – oder lacht einfach zu laut über die eigenen?

- [ ] Kaffeepausen-Komikerin
- [ ] Lachflash-Legende
- [ ] Keiner, alle sind noch im Koffein-Ladezustand

Wer vergisst regelmäßig, die Spülmaschine zu starten, und tut so, als wäre sie „gerade kaputt“?

- [ ] Tassen-Täuscherin
- [ ] Geschirr-Chaotin
- [ ] Keiner, alle spülen pädagogisch wertvoll von Hand

Wer gibt die besten Tipps fürs Kita-Workout – vom Windelheben bis zum Buggyslalom?

- [ ] Turnraum-Trainerin
- [ ] Rücken-Queen
- [ ] Keiner, alle bevorzugen das Training „Leben am Limit“

Dresscode-Tag

Führe einen thematischen Dresscode-Tag ein, beispielsweise "Chic bis ins Genick" oder "Hawaiianischer Freitag", um die Kita-Kleidung aufzulockern.

SCHLUSSWORT

Na also – du hast's durchgehalten!
Zwischen Kleberesten, Elternfragen und Kaffeeflauten hast du dieses Buch bis zum Ende geschafft.
Respekt – das ist fast so beeindruckend wie ein Tag ohne Wutanfall im Morgenkreis.
Wenn du beim Lesen gelacht hast: wunderbar!
Wenn du dich wiedererkannt hast: willkommen im Club!
Und wenn du jetzt denkst, „So schlimm ist es gar nicht..."
– warte bis Montag.
Also: Kopf hoch, Lappen raus, Humor an.
Denn wer in der Kita arbeitet, braucht keine Nerven aus Stahl –
nur gute Schuhe, dicken Kaffee und den Mut, auch mal über sich selbst zu lachen.

Printed in Germany
by Amazon Distribution
GmbH, Erfurt

12651026R00063